Boris Vázquez Calvo

Reflexiones en torno a "Educar: un compromiso con la memoria" de José Manuel Esteve Zarazaga

GRIN Verlag

Bibliografische Information der Deutschen Nationalbibliothek:

Die Deutsche Bibliothek verzeichnet diese Publikation in der Deutschen National-
bibliografie; detaillierte bibliografische Daten sind im Internet über http://dnb.d-
nb.de/ abrufbar.

Imprint:

Copyright © 2011 GRIN Verlag GmbH
Druck und Bindung: Books on Demand GmbH, Norderstedt Germany
ISBN: 978-3-640-82170-9

This book at GRIN:

http://www.grin.com/es/e-book/165977/reflexiones-en-torno-a-educar-un-compro-
miso-con-la-memoria-de-jose-manuel

GRIN - Your knowledge has value

Der GRIN Verlag publiziert seit 1998 wissenschaftliche Arbeiten von Studenten, Hochschullehrern und anderen Akademikern als eBook und gedrucktes Buch. Die Verlagswebsite www.grin.com ist die ideale Plattform zur Veröffentlichung von Hausarbeiten, Abschlussarbeiten, wissenschaftlichen Aufsätzen, Dissertationen und Fachbüchern.

Visit us on the internet:

http://www.grin.com/

http://www.facebook.com/grincom

http://www.twitter.com/grin_com

Escuela Universitaria de Formación del Profesorado
Campus de Lugo

Máster en Formación del Profesorado

*Reflexiones en torno a
"Educar: un compromiso con
la memoria" de José Manuel
Esteve Zarazaga*

Boris Vázquez Calvo

"The highest result of education is tolerance."
[Mi trad.: El resultado más elevado de la educación es la tolerancia]
Hellen Keller (1880-1968), escritora y educadora estadounidense, ciega y sorda.

Reflexiones en torno a

Educar: un compromiso con la memoria

de

José Manuel Esteve Zarazaga

Este trabajo de reflexión crítica gira en torno a la obra *Educar: un compromiso con la memoria,* escrita por el catedrático de Teoría de la Educación, José Manuel Esteve Zarazaga. Dedicado en cuerpo y alma a la educación, el autor pretende con el libro esclarecer la opacidad de algunos de los conceptos clave tanto para aquellos que se dedican a la enseñanza como para los que no, legos y personas algo más ignorantes, como mi caso. Fruto de sus años de experiencia en la docencia y resultado de su extensa carrera profesional y académica, Esteve aglutina en este libro sus más lúcidas reflexiones en torno a los que, considera, son los temas centrales en la educación. Antes de comenzar esta andadura sobre los diferentes temas expuestos en el libro, no puedo sino alabar el esfuerzo y la dedicación del autor sabiendo de sus circunstancias personales al escribir esta obra maestra de la pedagogía.

De forma introductoria, quisiera avanzar que, tal como adelanta el título de esta encomiable obra la acción de educar se define como "un compromiso con la memoria; con nuestra memoria individual y con la memoria colectiva que se trasmite a través de la tradición oral, de la cultura y de la Historia" (Esteve 2009: 18); se trata de poner en alza aquellos elementos que dignifiquen la vida de las personas y de combatir aquellos otros que la degraden. Desmitifica así, para aquellos no tan duchos en la materia como uno mismo, la creencia de que educar se centraba, en gran parte, en los aspectos puramente científicos, dejando de lado los morales. Es, pues, esa definición de "educar" en la que se basa toda la argumentación de Esteve, acertada, a nuestro parecer, para el propósito de la obra encaminado a ofrecer a padres, estudiantes y educadores una perspicaz visión de los seis temas básicos de la educación: el concepto de educación, la influencia del ambiente en el desarrollo y educación del ser humano, los planteamientos educativos actuales, las relaciones educativas, el concepto de autoridad y el concepto de

1

libertad. De la exposición de Esteve se desprende un *continuum* conceptual que la experiencia le ha ido mostrando. No se puede hablar de una educación en libertad sin tener claro qué tipo de autoridad vamos a ejercer como docentes. No se puede hablar de la autoridad pretendida sin definir qué tipo de relaciones se deberían establecer entre los miembros del sistema educativo. Del mismo modo, la relación deseable quedaría sustentada en una serie de valores compartidos, dignificantes para el ser humano, quien debe abrirse al mundo, puesto que, citando a Aristóteles, es un ser

> "[…] social por naturaleza, y el insocial por naturaleza y no por azar o es mal humano o más que humano... La sociedad es por naturaleza y anterior al individuo... el que no puede vivir en sociedad, o no necesita nada por su propia suficiencia, no es miembro de la sociedad, sino una bestia o un dios."[1]

Y, en definitiva, para que este proceso de apertura al mundo llegue a buen puerto, el ser humano necesita educación y los educadores necesitan, por su parte, un compromiso con la memoria que les propicie a hacer funcionar el engranaje mentado. Comprometernos con la memoria no es tarea fácil, declara Esteve. De hecho, en la singladura de la vida nos encontraremos con personas o cosas que obturan el fluir de las ideas y valores que nos han sido transmitidos generación tras generación, valores que nos permiten vivir una vida digna y conforman nuestra cultura. Esta cultura, sin embargo, es un legado perecedero y marchitable, y la mejor agua revitalizante con que pueden irrigarlo sus derechohabientes, es decir, las futuras generaciones, para su continuidad en el tiempo es la de la educación. El docente debe asumir, por tanto, la responsabilidad para con sus discípulos de hacerles entender el mundo y a sí mismos, de conducirlos a su autonomía y de, en último término, dejarles decidir su destino en libertad.

En primer lugar, el autor ofrece una exhaustiva definición de educación contraponiendo este concepto a otros con los que, en el lenguaje cotidiano, se confunde a pesar de que no todos ellos se pueden considerar educativos. De este modo, nos topamos ante conceptos como enseñanza, aprendizaje, formación, instrucción, adiestramiento, entrenamiento, adoctrinamiento, condicionamiento, amaestramiento, aleccionamiento, entre otros. Las variables que nos van a permitir determinar las relaciones entre educación y las otras nociones que no son educativas – y que por tanto conforma toda una red nomológica – son las que Esteve da en llamar el criterio de

---

[1] Cita extraída de Aronson, E. 2000. *El animal social*. Madrid: Alianza Editorial.

contenido, de forma, de uso y de equilibrio. Así pues, calificamos a un proceso de educativo o no dependiendo de si el contenido que se intenta aprender es moralmente reprensible o no. De la misma manera, sucede que la forma en que se intenta enseñar cierto contenido debe respetar la dignidad y la libertad del discente. Algo similar ocurre cuando entra en juego el criterio de uso, que nos permite calificar de educativo un aprendizaje que permita al discípulo establecer un esquema conceptual sobre el contenido que se desea aprender. Por último, se considera el criterio de equilibrio como piedra angular no solo del concepto de educación sino como base para la vida, puesto que educación es ponernos como meta un desarrollo integral, sin producir excesos ni defectos, sin que se produzca desequilibrio alguno. Siguiendo estos criterios Esteve establece la siguiente red nomológica:

Ilustración 1. Red nomológica de la educación.[2]

En todas las ocasiones existe un proceso de enseñanza-aprendizaje que articula la red. No obstante, solo en ciertas ocasiones podremos considerar un proceso de enseñanza-aprendizaje educativo. En este sentido, el factor moral tiene un rol perentorio. En los procesos de condicionamiento y adoctrinamiento se da una

---

[2] Para la selección cromática de tanto la Ilustración 1 como la 2 me he basado en los preceptos de la psicología del color según Lüscher, M. 1973. *Color – the mother tongue of the unconcious.*

manipulación del sujeto que recibe los aprendizajes, incompatibles con los criterios de forma, de uso e incluso de contenido y que, en consecuencia, no pueden considerarse procesos educativos. Del mismo modo, es sencillo observar como ciertos procesos de adiestramiento y entrenamiento nos *"enseñan* a no pensar, y en los que aprendemos a no pensar"[3] con la subsiguiente asunción de que tales procesos no exigen el desarrollo de esquemas conceptuales algunos. También cabe señalar que, si se rechaza la idea de que el criterio moral desempeña un papel terminante, podríamos aceptar la formación como un elemento que va allende la simple instrucción y que permite al discípulo investigar la realidad. Así pues, la incorporación del valor moral nos permite distinguir la formación y hablar de educación, siempre ligada a la ideología que es deseable trasmitir para la consecución de la autonomía del alumno.

En otro orden de cosas, una visión reduccionista de la educación nos hace plantearnos que solo ocurre en la escuela, mientras que, otro de los temas centrales que Esteve menciona es que se trata de un proceso continuo y dinámico que "comienza en el mismo momento del nacimiento y que debe conducirnos a entendernos a nosotros mismos y a entender el mundo que nos rodea"[4]. En consonancia con esta idea cardinal, podemos afirmar que, en el proceso de descubrimiento del mundo la familia y el ambiente, desempeñan un papel crítico en tanto que moldean las respuestas que nos planteamos al paso que descubrimos el mundo así como nuestro autoconcepto. Los grupos primarios, defiende, influyen de forma decisiva, ya que cuando un adolescente se plantea preguntas acerca de su porvenir "ya lleva diez, once, o doce años viviendo en una familia y en un entorno vital que van a condicionar inevitablemente la forma en que se las plantea y el tipo de respuestas que es capaz de imaginar ante ellas"[5]. Basándose en las ideas de Dilthey y Blumer, Esteve nos recuerda las fases: de descubrimiento de uno mismo, de interpretación de los pensamientos que nos han sido trasmitidos por los grupos primarios y de reconstrucción de estos pensamientos que aumentan en complejidad a medida que el proceso madurativo avanza. La interacción con el medio y los grupos primarios sienta las bases de la formación de actitudes radicales, según la terminología de Yela[6], que no son más que esas ideas básicas que nos vamos formando. Los padres, en su tarea de educar, forman estas actitudes radicales que pueden ser de

---

[3] Esteve, J.M. 2010. *Educar un compromiso con la memoria*, p. 41.
[4] Ibíd., p. 54
[5] Ibíd., p. 59
[6] Dilthey las denomina "temples vitales".

apertura, cuando la persona se abre a la realidad y está dispuesto a enfrentarla y aceptarla, o de clausura, cuando la persona escapa de esta confrontación con experiencias nuevas. En conclusión, se desprende que educar no se reduce a las materias de enseñanza. La primera tarea, y la más importante de todas ellas, es enseñar al niño a entenderse a sí mismo y al mundo que le rodea mediante la trasmisión normas y valores que le ayuden en este proceso.

Otro de los aspectos a los que Esteve se refiere en esta obra es la multiplicidad de planteamientos educativos que operan en la sociedad contemporánea. Distingue cuatro como tipos ideales para comprender una realidad sociológica compleja, variable y dinámica:

1. Un modelo autoritario, basado en la imposición de los ideales del mundo adulto.
2. Un modelo reduccionista que simplifica la educación a la enseñanza de materias, haciendo que el centro educativo pierda su función de socialización.
3. Un modelo basado en el libre desarrollo, que es fundamentalmente no intervencionista fruto del rechazo al modelo autoritario. Este modelo supone ciertas limitaciones, ya que es precario a la hora de diferenciar la necesidad del niño y la querencia del niño, lo que imposibilita la no intervención del niño.
4. Un modelo que entiende la educación como iniciación en los valores de una sociedad plural y democrática. En palabras de Esteve[7]:

> En nuestras sociedades actuales, mucho más abiertas y democráticas y en las que aumenta el nivel general de cultura, cada vez más los educadores y los padres entienden el reto que supone educar en la libertad, y aceptan la idea de que la meta última de la educación es formar hombres y mujeres capaces de vivir su propia vida, y que esto consiste básicamente en logar la autonomía, es decir, en que cada uno de ellos pueda ser responsable de su propia vida a partir de la construcción de unas normas y de una escala de valores propias, que se aceptan, no como una imposición .exterior que necesita vigilancia, sino como fruto de la propia reflexión y de la aceptación interior del valor de esas normas. […] Cubierta nuestra responsabilidad con el deber de la iniciación, corresponde a nuestros alumnos y a nuestros hijos hacer las últimas elecciones.

Estas últimas palabras de este gran pensador nos conducen al siguiente tema de capital importancia en la educación. La educación considerada como el camino que una

---

[7] Esteve, J.M. 2010. *Educar: un compromiso con la memoria*. pp. 96 *et seq.*

persona emprende para autoposeer su ser implica que la relación educativa debe centrarse en la persona como sujeto de su propia construcción. Ergo la necesidad de buscar un equilibrio entre el condicionamiento y la educación. El docente debe, por tanto, prestar especial atención a desarrollar una aptitud autónoma y crítica en el discípulo que le permita valorar los pros y los contras de las elecciones que ulteriormente forman su propia identidad. La disyuntiva pues, como señala Freire[8] está entre una educación para la domesticación o una educación para la libertad, o bien, en convertirnos en personas objeto o personas sujeto. Estas reflexiones epitomizan la relación educativa, su implicación en el desarrollo de la personalidad y de la búsqueda del ser a partir del saber, que, si resulta exitosa, el discípulo, el hijo, el alumno gana su autonomía, su independencia y no necesita del docente o progenitor para tomar sus propias decisiones. Al fin y al cabo, "educamos para la autonomía" (Esteve 2010: 130).

Otro de los conceptos vitales para entender esta relación educativa es el de autoridad. Esteve también nos ofrece una red nomológica similar a la que establecía cuando se centraba en delimitar y clarificar el concepto de educación. Aclara pues diversos conceptos como rango, poder, disciplina, orden, prestigio, superioridad y sabiduría cuyo elemento común es la obediencia de un sujeto a otro (véase Ilustración 2).

---

[8] Freire, P. 1970. *La educación como praxis de libertad.* En: Esteve, J.M. 2010. *Educar: un compromiso con la memoria.*

Ilustración 2. Red nomológica de la autoridad

Siendo el epicentro una relación de obediencia, en la educación buscamos autoridad, una autoridad pedagógica que venga motivada por una aceptación de abajo arriba. Es decir, el sujeto que obedece acepta tener una relación de autoridad con otro, al que le atribuye una superioridad, una sabiduría y le ve revestido de un prestigio que hace que esa relación nazca de forma espontánea y sin coacciones. Por el contrario, en el sistema educativo debemos evitar toda relación basada en el autoritarismo, ya que, de forma diametralmente opuesta a la relación de autoridad, un sujeto acepta obedecer a otro cuando confluyen elementos como el rango y el poder que posicionan a este último en un pedestal autoritario, basado en la coerción. Del mismo modo que sucedía con los modelos de educación, no se dan estos conceptos de una forma clara y concluyen en las realidades sociales. Sea como fuere, una de las bases para que la relación de autoridad sea efectiva es la legitimidad y, al trasladar este concepto a los centros educativos no podemos sino afirmar que

"Sería deseable que los centros educativos basaran la legitimidad de su organización en el establecimiento de normas claras, discutidas y aceptadas por los alumnos y razonablemente justificadas sobre la base de valores compartidos por todos los miembros de la comunidad educativa". (Esteve 2010: 153)

Finalmente y a modo de cierre, Esteve nos proporciona una serie de comentarios referentes al término libertad, llegando a la conclusión que el objetivo final de la educación es la libertad puesto que el respeto a la libertad de una persona es condición sine qua non para poder considerar un proceso de enseñanza-aprendizaje educativo; debido a que el camino hacia la autoposesión no se puede concebir sin tener la capacidad de elegir nuestro sendero de vida libremente, cuya línea de salida se sitúa en un modelo de educación como iniciación en aquellos valores que consideramos positivos y beneficiosos, rechazando en todo momento la imposición; porque la relación educativa que se basa en ofrecer las herramientas necesarias para la construcción del ser sienta los cimientos para conseguir la autonomía personal y gracias a que la relación de autoridad no riñe con la libertad siempre que esta no se manipule y anime al alumno a ser libre, a tomar sus propias decisiones y a trazar nuestro propio camino de vida. Por todo ello, "necesitamos educar para la libertad"[9] en libertad.

Material de trabajo

ESTEVE ZARAZAGA, J. M. (2010). *Educar un compromiso con la memoria.* Madrid: Octaedro.

---

[9] Esteve, J.M. 2010. *Educar: un compromiso con la memoria,* p. 180.